ESSAI

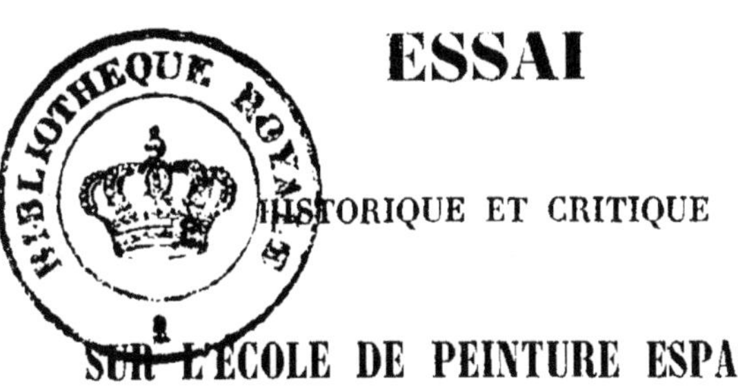

HISTORIQUE ET CRITIQUE

SUR L'ÉCOLE DE PEINTURE ESPAGNOLE ;

Par M. DESHAYES,

Membre de plusieurs Sociétés savantes.

L'école de peinture espagnole est généralement peu connue. Ce n'est que depuis les guerres de l'Empire que l'introduction en France, d'un assez grand nombre de tableaux appartenant aux premiers artistes de la Péninsule, a fixé l'attention publique. Ces tableaux nous ont fait connaître le genre de talent tout-à-fait original, le style, le coloris, en un mot le faire particulier qui caractérise cette école.

L'apparition d'un certain nombre de bons ouvrages espagnols dans quelques galeries de la capitale, et notamment dans celle de M. Agnado, a excité une sorte d'engouement chez les amateurs de peinture; on s'est porté en foule dans ces galeries pour voir une chose

16

Caen,

IMPRIMERIE DE A. HARDEL.

1843.

tout-à-fait nouvelle, pour faire connaissance avec des artistes distingués dont à peine on savait le nom (1).

Il y a trente ans, les tableaux espagnols n'étaient point répandus dans le commerce; aujourd'hui même ils y sont très-rares et y conservent un prix élevé. Cela provient de ce que les Espagnols sont très-attachés à leurs tableaux. Une sorte d'orgueil national leur fait préférer les productions de leurs compatriotes à celles des meilleurs peintres étrangers; et, chose peu commune ailleurs, ces tableaux des anciens artistes du pays, se vendent beaucoup plus cher en Espagne que les chefs-d'œuvre des premiers maîtres des autres écoles.

La rareté des tableaux espagnols provient aussi de leur immobilisation : la plus grande partie appartenait à des établissements publics ou à des monuments religieux. Ces tableaux n'avaient point quitté, avant 1810, la place pour laquelle ils avaient été faits.

Cela est tellement vrai qu'à la fin du dernier siècle, une des plus riches collections d'Europe, celle du Palais-Royal, ne possédait qu'un petit nombre de tableaux espagnols; encore étaient-ils assez médiocres. On citait alors comme le plus remarquable, le Moïse-Sauvé, peint par Velasquez. Ce tableau se distingue par un pinceau facile, une touche vigoureuse et une grande vérité de couleur; mais le dessin manque de pureté et il y a quelque raideur dans les poses (2).

(1) La belle collection de tableaux de M. Aguado a été dispersée par la vente de son cabinet faite après son décès.

(2) Note des tableaux espagnols qui existaient avant la révolution

Les tableaux de l'école espagnole n'étaient pas moins rares en Italie qu'en France; même encore aujourd'hui, on n'en voit presque point dans les musées de Naples, de Turin, de Florence, excepté quelques morceaux de l'Espagnolet, peintre qui a passé sa vie en Italie, que les Italiens considèrent comme un élève du Caravage et presque comme un compatriote.

Cette lacune dans l'histoire de l'art m'avait depuis long-temps inspiré le désir de mettre en ordre les notes nombreuses que j'avais prises sur ce sujet. Je les publie aujourd'hui, non comme une histoire complète, mais comme un résumé succinct et rapide. Nous y suivrons les diverses vicissitudes de la peinture depuis l'époque de la renaissance jusqu'à nos jours. Nous ne donnerons dans ce résumé que des idées générales sur la marche de l'art, sur ses progrès, sur les divers genres ou ma-

dans la galerie du duc d'Orléans.

Par *Velasquez :* 1°. le Moïse-Sauvé; 2°. Lot et ses filles.

Par l'*Espagnolet :* 1°. un grand tableau représentant Démocrite en pied; 2°. Héraclite, de même dimension, aussi en pied; 3°. un buste d'Héraclite; 4°. un autre buste de Démocrite; 5°. l'Enfant Jésus au milieu des Docteurs.

Par *Louis Vargas :* Saint Jean-Baptiste couvert d'une peau de chameau, plus grand que nature; tableau peu digne de ce peintre.

On ne connaissait à cette époque, en France, aucun tableau capital de *Murillo ;* les seuls, un peu remarquables qu'on puisse citer, sont : 1°. Les Noces de Cana, Catalogue de Julienne, 1767, vendu 6,000 fr.; 2°. le Bon-Pasteur et Saint-Jean caressant son mouton, appartenant au comte de la Guiche; deux tableaux de cinq pieds de hauteur, vendus 12,999 fr.; 3°. le même sujet; deux tableaux de 16 pouces, appartenant au prince de Conti. Le prince possédait aussi une répétition des Noces de Cana dont nous avons parlé plus haut (on la prétend originale), et un Saint-Joseph, assis, tenant l'enfant Jésus sur ses bras.

nières qui ont régné tour-à-tour dans les XVIe. et XVIIe. siècles, époque la plus brillante de la peinture en Espagne. On ne verra point sans quelque étonnement le grand nombre d'artistes d'un vrai mérite, qui ont fleuri en même-temps dans presque toutes les villes de la péninsule, leur ardeur pour produire et pour soutenir la gloire de l'art, et le zèle non moins ardent des chapitres diocésains, des ordres monastiques, des confréries, des corporations de toute nature pour décorer et embellir les lieux consacrés à leurs réunions publiques ou particulières.

D'un autre côté, les familles opulentes, les grands seigneurs n'ont pas été moins jaloux d'embellir leurs demeures par de riches productions; des collections de tableaux se sont formées; elles se sont accrues de plus en plus, et ont été transmises avec orgueil de génération en génération comme un des plus beaux apanages de leurs possesseurs.

Toutes ces circonstances ont favorisé l'art en Espagne, et veillé à la conservation de ses ouvrages les plus précieux.

Sans doute grand nombre de ces productions artistiques ont été déplacées, ont disparu du pays, ou même ont été détruites par la longue tourmente qui, depuis plus de trente ans, afflige cette malheureuse contrée. Les amateurs en ont profité. De ces trésors éparpillés il s'est formé de nouvelles collections. De nombreuses galeries particulières, parmi lesquelles on distingue celle des maréchaux Soult et Sébastiani, attestent et le talent des artistes Espagnols et la perte immense que le pays a éprouvée.

J'ai eu l'avantage de parcourir l'Espagne avant ses grands désastres, de voir sur place, d'étudier, de copier même les ouvrages des peintres les plus estimés, de m'être entretenu avec les hommes les plus instruits dans les arts, d'avoir été lié avec des artistes distingués de la péninsule, et de m'être trouvé à même de recueillir des renseignements authentiques et des opinions personnelles, qui pouvaient me faire apprécier, à sa juste valeur, le mérite réel des artistes et des ouvrages. Cette appréciation sera l'objet de ce mémoire.

PREMIÈRE PARTIE.

L'histoire artistique de la Péninsule, depuis la renaissance, présente deux époques bien distinctes. La première comprend depuis 1500, jusqu'au premier quart du XVIIe. siècle : la deuxième embrasse le XVIIe. et une grande partie du XVIIIe., et se distingue par de grands coloristes.

Le goût de l'école romaine de la renaissance domine la première époque. On y retrouve la grâce, la naïveté, cette candeur d'expression, cette correction de dessin, cette sage ordonnance qu'on ne se lasse point d'admirer dans les artistes formés à l'école du peintre d'Urbin.

A la tête de cette excellente école du XVIe. siècle, se trouvent, en Espagne, placés au premier rang: Louis Vargas, né à Séville en 1528, et Pierre Campana, élève de Raphaël. Ce dernier, très-peu connu, n'a laissé qu'un petit nombre d'ouvrages. On croit qu'il est mort jeune, et quelques biographes ont voulu en faire un Flamand; mais le nom de Campana, qui n'a rien de Brabançon, suffirait, selon nous, pour prouver qu'il n'est point d'origine Flamande. Quoi qu'il en soit, il est certain qu'en 1544 ce peintre existait à Séville, et qu'il était dans la force de son talent. La paroisse Sainte-Croix de cette ville possède un tableau capital de Pierre Campana, signé par lui et portant le millésime 1544. Nous avons souvent eu occasion de méditer devant ce tableau; il représente une *Descente de Croix*, il est tellement empreint d'un caractère pathétique, toutes les convenances y sont si bien observées, qu'on ne peut le voir sans émotion : il surprend, il arrête le spectateur le plus distrait, par la gravité imposante de la scène, et par l'expression à la fois profonde et naïve des personnages. Une pensée sublime a présidé à la composition de ce tableau. Ce n'est point une douleur commune, un mort vulgaire qu'il représente : quelque chose de surnaturel anime et soutient les acteurs de cette grande scène. Elle est d'une admirable simplicité. Deux vieillards, dans la pose la plus naturelle, soutiennent sans effort et descendent respectueusement le corps du Christ, raidi par le froid de la mort; Saint-Jean le soutient par les jambes, tandis que la mère assise au pied de la croix, ouvre les bras pour recevoir le fils bien aimé. La tête des vieillards est d'une beauté antique : l'expression en est indicible. On y voit le souvenir des douleurs de la passion de leur maître, une tristesse calme et résignée qu'un rayon d'espérance semble adoucir ;

leurs yeux fixés sur le Christ sont pleins d'une foi vive, et semblent lire dans l'avenir la résurrection et la gloire du Rédempteur. La douleur des femmes est plus active, moins résignée ; elles sentent plus vivement, et s'abandonnent avec moins de retenue aux impressions de la douleur. Des nuances aussi bien observées dans les sentiments et dans les convenances de chaque âge, de chaque sexe, annoncent dans l'auteur de ce tableau un esprit profond d'observation et une grande connaissance du cœur humain. Mais non seulement Pierre Campana avait compris la poétique de son art, il en possédait aussi la pratique à un très-haut degré de perfection. La correction et le beau caractère de son dessin, le goût exquis de ses draperies rappellent tout-à-fait le deuxième style de son maître Raphaël; de plus, Campana est aussi un excellent coloriste.

Le roi d'Espagne, Charles IV, ne pouvant point se procurer ce tableau, qui appartient à une fondation pieuse, et qu'il avait admiré lors de son voyage à Séville, en 1796, chargea un peintre habile de lui en faire une copie. Le célèbre Murillo, qui demeurait sur la paroisse Sainte-Croix, à Séville, venait tous les jours étudier et admirer le tableau de Pierre Campana.

On voit, dans la cathédrale de la même ville, une *Présentation* du même artiste, tableau plein de réminiscences de l'école romaine, et plusieurs *portraits* qui ne seraient point déplacés à côté de ceux de Léon X et de Baltazar de Castiglione.

Nous ignorons si Campana a formé un grand nombre

d'élèves, s'il a tenu école ouverte (1); mais toutes les fois qu'un génie supérieur produit de grands ouvrages, sa réputation s'établit, et avec elle son influence sur ses contemporains. Il forme école, et cette école n'est au fond que le reflet du talent et du goût de l'artiste influent qui en est le fondateur. Est-il compositeur profond, savant dessinateur? tous ses élèves cherchent à composer, à dessiner comme lui; est-il enthousiaste de la couleur? la préfère-t-il à toutes les autres parties de l'art? tous ses élèves sont coloristes ou tâchent de le devenir.

De là vient ce faire particulier, ce goût constant qui caractérise chaque école dans les beaux-arts, et qui distingue, de la manière la plus évidente, chaque époque et chaque localité.

Nous avons déjà dit que durant le XVIe. siècle, la

(1) Nous ne connaissons qu'un élève de Pierre Campana, Louis Moralès, surnommé *El-Divino*, soit à cause de la perfection de son talent, soit parce qu'il n'a peint que des sujets de dévotion. Moralès avait une grande facilité de pinceau. Quoique ses ouvrages soient d'un travail soigné, il les retouchait avec une grande hardiesse, sans nuire au moëlleux et à la suavité de l'effet. Sa couleur est vraie et harmonieuse; il composait bien et donnait une expression convenable à ses figures. Moralès a été un bon, un estimable peintre, sans qu'on puisse, malgré ses précieuses qualités, le placer au rang des grands maîtres. C'est un beau talent sans génie. Presque tous ses tableaux sont de petite dimension.

Il y a dans le commerce une infinité de copies de ce peintre, qu'on vend pour des originaux, souvent à des prix très-élevés. Il est facile de les distinguer par la sécheresse de la touche, et par le fini pénible et caché qu'on ne saurait confondre avec le pinceau gras et onctueux de Louis Moralès. Ce peintre est mort à Badajos, en 1586, âgé de 67 ans.

peinture en Espagne, portait tout-à-fait le caractère de l'école romaine. Cela ne pouvait guère être autrement, puisque les pères de la peinture dans la Péninsule, avaient puisé les principes de leur art à cette grande école, qu'ils en avaient soutenu la gloire, et que leurs ouvrages estimés, recherchés par le public, servaient de modèles à tous ceux qui suivaient la même carrière.

A côté de Pierre Campana, se place naturellement Louis VARGAS : même époque, même style, même supériorité. Les tableaux de Vargas sont pleins de souvenirs de Raphaël. Plusieurs de ses compositions paraîtraient avoir été faites sous l'inspiration, sous les yeux même du peintre d'Urbin, si la date de ces tableaux, postérieure de quelques années à l'existence de Raphaël, ne venait détruire cette illusion. L'ajustement, les draperies, les airs de tête, la disposition des groupes, la grâce et la finesse de dessin, tout rappelle le chef de l'école romaine.

Cela paraîtra moins étonnant quand on apprendra que Vargas fit deux voyages en Italie, qu'il y passa quatorze ans, et qu'il fut lié d'amitié avec Perin-del-Vaga, élève et collaborateur de Raphaël.

On voit dans la cathédrale de Séville plusieurs ouvrages de Louis Vargas, parmi lesquels on distingue *Jésus-Christ portant sa croix*, et un tableau d'*Adam et Eve*. Le dessin de ce dernier est d'une grande beauté : il offre de belles lignes et se distingue particulièrement par l'élégance des contours et l'entente des raccourcis. Ce tableau est admiré de tous les connaisseurs.

Une tradition, vivante encore dans le pays, rappelle

à ce sujet un fait non moins honorable pour Vargas que pour l'artiste auquel on l'attribue.

Le chapitre de la cathédrale de Seville avait fait venir à grands frais d'Italie, un élève de Michel-Ange, nommé Alexis, afin de lui faire peindre à fresque un Saint-Christophe d'une énorme dimension On voit encore sur un pan de mur du croisillon de la grande nef, cette figure colossale de cinquante pieds de hauteur. Le peintre Alexis, interrompait souvent son travail pour venir voir le tableau d'Adam et Eve, qui se trouve placé dans une chapelle au pied de la grande fresque de Saint-Christophe. Alexis mit tant de bonne foi et de modestie dans l'appréciation du talent de Vargas, qu'un jour en s'adressant à un groupe d'amateurs qui admiraient sa grande fresque : « Admirez « plutôt, leur dit-il, cette figure d'Eve ; *voilà une « jambe qui vaut mieux que tout mon St.-Christophe.* »

En effet, cette jambe en racourci est extrêmement belle ; mais peu d'artistes auraient eu la noble franchise d'Alexis. Ce peintre distingué, convaincu de la supériorité de Vargas, refusa constamment de faire d'autres ouvrages pour la même église, et quitta la place en disant qu'il n'était pas juste que, pendant la vie de Vargas, il pût lui disputer dans sa patrie une réputation si bien acquise.

Ainsi que tous les peintres éminents de cette époque, Vargas faisait parfaitement bien le portrait. Celui de *dona Juana Cortez*, duchesse d'Alcana, est un chef-d'œuvre digne de Raphaël. La plupart des productions de Vargas sont à Séville : la cathédrale et le palais de l'archevêché en possèdent la plus grande partie.

Quel que soit le fini de la touche et le soin avec lequel il travaillait, cet artiste a laissé un grand nombre d'ouvrages.

Tandis que Louis Vargas propageait, dans la capitale de l'Andalousie, les bons principes de l'art et le goût exquis de l'école romaine, JUANÈS, élève aussi de la même école, répandait à Valence, sa patrie, le goût de la peinture et y faisait fleurir les qualités précieuses qui distinguent l'époque de la renaissance. Ce peintre se fait remarquer par le fini du travail, la grâce et l'élégance des poses, et par le soin extrême avec lequel il a étudié toutes les parties de son art. Les biographes, ses compatriotes, le placent sur la même ligne que Raphaël, et en font au moins l'égal de ce grand maître. Il y a sans doute beaucoup d'exagération dans ce jugement; mais, tout en faisant une large part à l'engouement national, nous pouvons affirmer que nous avons vu plusieurs productions de cet artiste, dignes de figurer dans les plus riches collections. Il attachait sans doute un trop grand prix aux détails, à un fini précieux, qui ne peut convenir qu'à des tableaux d'une petite dimension; mais le fini de Juanès est conduit avec tant d'intelligence, il y a tant de fraîcheur, de délicatesse, de suavité dans sa touche, qu'on ne peut lui savoir mauvais gré du temps infini employé à ce labeur, ni s'empêcher d'admirer l'adresse et la constance de l'artiste.

Il existe, dans les églises de Valence, des tableaux de Juanès fort estimés et qui méritent de l'être. Entre autres le *portrait du Sauveur* se distingue par le beau caractère que l'artiste a su donner à la tête divine. Il est placé sur la porte de la sacristie de l'église St.-Pierre.

Valence a possédé plusieurs peintres recommandables qui ont marché sur les traces de Juanès. Ils ont conservé jusqu'à nos jours, dans cette ville, le goût, le faire, les traditions artistiques de leur premier maître. Les habitants de toutes les classes s'empressent de faire voir et de signaler à l'admiration des étrangers les ouvrages de Juanès, mort à Valence en 1596.

Sept ans avant la mort de Juanès, Xativa, dans le royaume de Valence, vit naître le plus connu des peintres espagnols, Joseph Ribera, dit l'Espagnolet, si toutefois on peut considérer ce peintre, imitateur du Caravage et qui a passé sa vie en Italie, comme appartenant à l'école espagnole. Ce peintre lutta long-temps contre la misère, et ce n'est qu'à la constance d'un travail opiniâtre et assidu qu'il doit son beau talent et les succès qu'il obtint dans la suite. C'est à Naples qu'il se fixa en dernier lieu, et c'est là qu'il acquit de la réputation par de grands travaux de peinture, exécutés sous le patronage du vice-roi de Naples, qui alors gouvernait au nom de l'Espagne. Ribera, dont le pinceau rapide et la manière expéditive produisaient beaucoup de tableaux, amassa en peu de temps des richesses considérables. Comme la plupart des hommes qui ont langui dans le besoin, devenu riche, il étala un grand faste et fréquenta la haute société. Il avait un carrosse, chose assez rare à cette époque, et sa femme un écuyer. Le pape le fit chevalier du Christ, et l'Académie de St.-Luc de Rome le reçut au nombre de ses membres.

Il est à regretter qu'un artiste tel que Ribera, qui dessinait mieux que le Caravage, soit en quelque sorte devenu l'imitateur servile de ce peintre et qu'il ait toute sa vie recherché sa manière. L'Espagnolet se plaisait dans les sujets terribles : il choisissait les tortures des Prométhée, des Ixion, les martyres des saint Laurent, des saint Barthélemi, pour en faire le sujet de ses tableaux, sujets qu'il rendait avec une vigueur, une force d'expression qui font frémir par la vérité dont ils sont empreints ; mais cette vérité devient souvent triviale à force d'être fidèle. Généralement l'Espagnolet manque de style, il manque d'élévation dans la pensée, ou plutôt la pensée est fort rare dans ses compositions.

J'ai vu dans les églises de Madrid et au palais du Buen-Retiro les plus estimés de ses tableaux, parmi lesquels se trouve, au premier rang le *Martyre de saint Barthélemy.* Ce tableau est d'un grand effet ; mais la couleur en est plus vigoureuse que vraie ; le dessin, quoique savant, ne saurait satisfaire, à cause de la pauvreté des détails : l'artiste rend jusqu'aux rides de la peau. Ces défauts sont rachetés par un pinceau fier, hardi, une touche brillante, facile et belle, un clair-obscur, à la vérité trop sombre, mais dont l'exagération convient aux sujets qu'il a traités.

Ribera est peut-être de tous les peintres celui dont les tableaux, vrais ou supposés, sont le plus répandus. Il n'est guère de cabinet d'amateur où l'on ne fasse voir quelques morceaux attribués à l'Espagnolet, et qui, presque toujours, sont indignes de ce peintre, lequel, malgré tous ses défauts, tient encore une belle place parmi les artistes du XVIIe. siècle

Nous sommes, en quelque sorte, sortis de l'Espagne et du siècle dont nous traitons dans cette première partie, pour dire un mot d'un peintre qui a fait grand bruit et dont le nom est familier à tous les amateurs de peinture. Quittons Ribera, et rentrons dans notre sujet, en signalant le mouvement artistique et simultané qui s'est manifesté, durant le XVIe. siècle, dans presque toutes les grandes villes de la Péninsule.

Cordoue, si distinguée sous d'autres rapports, se glorifie aussi d'avoir vu naître un artiste fort célèbre en Espagne, par son talent et par sa science. Paul Cespedès, né dans la première moitié du XVIe. siècle, fut à la fois peintre, sculpteur, architecte, philosophe, antiquaire, orientaliste très-savant, bon poète et fécond écrivain. Cet artiste fit deux fois le voyage de Rome, et s'attacha de préférence aux ouvrages de Michel-Ange, qu'il prit pour modèle. Nous trouvons parmi les artistes espagnols les plus remarquables du XVIe. siècle, un certain nombre de peintres-sculpteurs qui ont suivi la manière grave et sévère de Michel-Ange. N'y aurait-il pas analogie entre le génie de ce grand maître et le caractère espagnol? Cette préférence semblerait l'indiquer. Mais ce qui n'est pas moins digne de remarque, c'est que l'étude de ce maître, qui n'attachait que peu de prix à la couleur, n'a point empêché les peintres espagnols d'être coloristes : tous ont le sentiment de la couleur, et Cespedès lui-même, malgré son admiration pour Michel-Ange, réunissait à ce sentiment le pinceau moelleux et facile du Corrège. Cependant Cespedès apportait une grande correction dans le dessin de ses figures ; il avait, comme son maître, un modelé vigoureux, des expressions fortes et de grandes prétentions à la science de l'anatomie, qu'il accusait avec beaucoup de fermeté.

Son ouvrage le plus célèbre est le tableau de *la Cène*, qui se voit dans la cathédrale de Cordoue. Cette composition peut aller de pair avec celles des premiers maîtres. Elle se fait particulièrement remarquer par la variété des expressions, la vérité et le beau caractère des têtes; celle du Christ est d'une beauté surnaturelle; elle se distingue de toutes les autres bien plus par sa splendeur toute divine et son air ineffable de *bonté*, que par la place qu'elle occupe.

Cordoue possède également des morceaux de sculpture et d'architecture de ce grand artiste, mort dans cette ville en 1608, dans un age avancé (1).

La même ville compte aussi parmi ses illustrations un autre peintre, estimé par la beauté de son coloris, le frère Donado, carme-déchaussé, qui, parvenu à une grande vieillesse, termina sa carrière dans cette ville en 1630. On y voit de lui, dans le couvent de son ordre, plusieurs ouvrages remarquables, entr'autres un fort bon tableau de *Jésus-Christ crucifié*, dans lequel il a représenté la Vierge, St.-Jean, la Made-

(1) Les titres littéraires de Cespedès font autant d'honneur à sa mémoire que ses grands talents dans les arts. On connaît de lui une savante dissertation : « *De la comparation de la antiqua y moderna pintura y escultura.* » Il a fait un poëme sur la peinture, et beaucoup de recherches sur les monuments anciens et arabes.

leine et autres figures à plus de demi-corps, selon la manière de Raphaël Sadeler, à laquelle il s'était attaché. On y remarque aussi un tableau d'une *Madeleine pénitente*, qu'on prendrait pour être du Titien. François Pachero fait un grand éloge de cet artiste, et le place parmi les plus habiles de son temps.

Madrid vit aussi fleurir, durant la première moitié du XVIe. siècle, un artiste très-distingué, Alonzo Berrugueté, mort en 1545. Après avoir pris les premières notions de l'art en Espagne, il se rendit à Florence pour suivre les leçons de Michel-Ange, qu'il prit aussi pour modèle; de là il passa à Rome pour étudier l'antique. C'est à ces sources fécondes du grand style et du beau idéal, qu'il puisa de bons principes, et parvint à réformer la manière sèche et mesquine qu'il avait reçue de ses premiers maîtres, et qui régnait alors dans presque toute l'Europe. De retour dans sa patrie, ses talents y furent reconnus et appréciés à leur juste valeur. Charles-Quint le nomma son peintre de cabinet. Berrugueté eut la gloire de réformer le premier, en Espagne, le goût barbare et gothique qui dominait dans les beaux-arts. Plusieurs villes de la Péninsule possèdent de ses ouvrages. On voit, à Valladolid, une statue en marbre de cet artiste, qui fait l'admiration des connaisseurs. Il a également réussi dans la peinture, la sculpture et l'architecture.

Nous retrouvons, à cette époque, en Espagne, plusieurs artistes du premier ordre qui, selon l'usage du temps, exerçaient à la fois les trois arts libéraux.

De ce nombre est **Becerra**, né à Baéza, en Andalousie, mort à Madrid en 1570. Cet homme éminent alla aussi puiser en Italie les principes de l'art, et recevoir des leçons des premiers maîtres. Il suivit Michel-Ange, afin de se former un grand style dans la sculpture et l'architecture : pour l'étude de la peinture, il préféra l'école de Raphaël. Il acquit sous ces maîtres un goût excellent et une connaissance approfondie des beautés de l'art. On voit à Madrid plusieurs grandes fresques de cet artiste. Mais son morceau capital dans cette ville, est la statue de la *Sainte Vierge*, qu'il fit pour la reine Isabelle de Valois : l'expression en est admirable ; Becerra, sans altérer la beauté ravissante de cette figure, a su y réunir la tendresse, la constance, la résignation à la douleur la plus profonde. Plusieurs autres villes d'Espagne possèdent les ouvrages de Becerra.

A la même époque, il existait à Madrid un autre peintre estimé, Alonzo-Sanchez **Coello**, né en Portugal, mort en 1590, âgé de 75 ans. Les ouvrages de Raphaël furent les premiers modèles qu'il étudia à Rome, avec amour et assiduité. Mais bientôt, séduit par les charmes de la couleur, il s'attacha aux peintres coloristes, et devint tellement supérieur dans cette partie de l'art, qu'on le nomma le Titien portugais. Il réussit également dans l'histoire et dans le portrait. Ses talents lui méritèrent les faveurs de Philippe II, qui le nomma son peintre et le combla de bienfaits. Il peignit plusieurs fois ce monarque ainsi que toute la famille royale. Ses ouvrages les plus remarquables se trouvent à l'Escurial, et à Madrid,

2

dans l'église de St.-Jérôme, où l'on voit un excellent tableau de ce maître (1).

Contemporain de Coëllo, MONNEGRO, nommé aussi J.-B. DE TOLEDO, fut à la fois bon sculpteur et architecte distingué. C'est encore un élève de l'école romaine et un imitateur de Michel-Ange. Il fut pendant quelque temps employé à la construction de St.-Pierre de Rome. Philippe II, qui pensait alors à faire bâtir le palais de l'Escurial, l'appela auprès de lui et employa ses talents. Monnegro lui donna le modèle de l'église de cette résidence. Il fit plusieurs statues en marbre, de 17 pieds de hauteur, qu'on voit à l'Escurial, et qui sont un témoignage du génie de ce grand artiste. Il mourut à Madrid en 1590, dans un âge avancé.

Séville possède aussi deux sculpteurs d'un grand mérite, Martinez MONTAGNÈS et Jérôme HERMANDEZ; l'un et l'autre sont nés en cette ville; ils y sont morts, le premier en 1640, le dernier en 1646. On voit un grand nombre de statues de Montagnès dans sa ville natale; on estime particulièrement celle de *St.-Hermenegilde*, une *Vierge*, un *St.-Jean* et un *Christ* crucifié; mais celle que l'on considère comme un chef-d'œuvre, est un *St. Jérôme*, statue admirable par la noble simplicité de la pose, par le grand style et la correction du dessin, et plus encore par la sublimité de l'expression : c'est une des plus belles choses que j'aie vues en ce genre.

(1) Il a existé à Madrid, dans le XVIIe siècle, un autre COELLO (Claudio), qui s'est acquis de la célébrité par son beau tableau du *Martyre de Saint-Etienne* qu'on voit chez les Dominicains de Salamanque.

Il existe dans l'église de St.-Paul de la même ville, un *Christ* d'Hermandez qui excite l'admiration générale.

Le nord de l'Espagne voyait aussi fleurir, vers la fin du XVIe. siècle, quelques artistes d'un talent fort remarquable ; les plus distingués sont HERMANDEZ, né en Galice, et JEAN DE JUNI, que l'on croit d'origine Flamande. Ces deux sculpteurs s'attachèrent à la manière de Michel-Ange. On voit dans la cathédrale de Ségovie un bas-relief de ce dernier, dont les figures sont grandes comme nature, et qui serait digne de Buonarotti.

Valladolid et Salamanque possèdent aussi un grand nombre d'ouvrages de ces deux maîtres ; ils firent ensemble, pour cette dernière ville, les *Mystères de la Passion ;* cette suite nombreuse de groupes en relief passe pour le plus bel ouvrage de ce genre qui soit en Espagne.

Le XVIe. siècle compte encore un artiste d'un grand talent, auquel une infirmité grave donne un nouveau degré d'intérêt et de célébrité. Fernandez XIMENEZ DE NAVARETÉ, sourd-muet de naissance, mort à l'Escurial en 1572, reçut en partage un degré d'intelligence et un amour de l'étude extrêmement rares chez les hommes les mieux traités par la nature, et qui ont le bonheur de jouir de tous leurs sens. Ses progrès furent prodigieux. L'instinct de l'imitation se développa chez lui presque sans maître : il obtint une grande rectitude dans le coup-d'œil. Pour se perfectionner, il parcourut les principales villes de l'Italie. Il étudia les grands maîtres à Rome, à Florence, à

Naples, à Milan, et passa dans Venise plusieurs années à l'école du Titien, le plus célèbre des coloristes. De retour en Espagne, Navareté fut employé aux peintures de l'Escurial. On a de lui, dans le cloître de ce monastère, huit tableaux qui passent pour le plus bel ornement de cette résidence royale. L'un des plus remarquables est celui de la *Décollation de St.-Jacques* (1). On raconte au sujet de ce tableau, une de ces anecdotes satiriques, assez fréquentes chez les artistes de cette époque. Santayo, secrétaire de Philippe II, déplaisait fort à Navareté, soit par son indiscrète assiduité, soit par son impertinence. Notre sourd-muet ne trouva pas de moyen plus efficace de s'en débarrasser, que de peindre le bourreau près de trancher la tête à St.-Jacques, sous les traits de Santayo. Le ministre furieux s'en plaignit au roi : celui-ci voulut voir le tableau, et il fut tellement enchanté de la beauté et de la ressemblance de ce portrait, qu'il donna ordre de le conserver. Philippe II prenait plaisir à voir travailler Navareté, il suivait avec intérêt les progrès de son ouvrage, et répétait souvent que son sourd-muet valait mieux que les peintres qu'il faisait venir à grands frais d'Italie pour décorer son palais.

Quoique le mérite des compositions de Navareté soit très-inégal, toutes présentent de belles parties, et quelques-unes s'élèvent à la hauteur des premiers artistes. Le dernier de ses huit tableaux du cloître de l'Escurial, est de ce nombre ; il représente la *Réception des anges*

(1) Ce tableau a été vu au Musée français.

par Abraham : c'est un morceau du premier ordre et qui passe pour le chef-d'œuvre de Navareté. Ce peintre, mort dans la 40e. année de son âge, se distingue particulièrement par un très-beau coloris. Il a souvent égalé le Titien.

Séville, qui a vu naître un grand nombre d'artistes éminents, compte aussi dans le XVIe. siècle, un excellent coloriste. PAUL DE LAS ROELAS, né en 1550, reçut à Séville les premières notions de son art, et conserva, malgré son amour pour la couleur, le grand style et la pureté de dessin qui caractérisaient alors cette école. Il prit, à Venise, des leçons du Titien, et y acquit une grande supériorité dans le coloris. De retour dans sa ville natale, sa réputation s'y établit rapidement. On remarque dans la cathédrale de Séville deux de ses meilleurs tableaux, le *Martyre de St.-André*, et l'*Apparition de St.-Jacques combattant contre les Maures*. Mais le plus célèbre de ses ouvrages est la *Bataille de Tolbiac*, gagnée par Clovis. Le trouble et la confusion des vaincus y fait un heureux contraste avec la tranquille fierté du vainqueur. Roëlas entendait bien l'ordonnance de ses tableaux; il était savant en anatomie et en perspective, et donnait beaucoup de vie et d'expression à ses figures. En récompense de ses talents et du grand nombre d'ouvrages qu'il avait faits, il reçut un bénéfice laïque et fut nommé chanoine de l'église d'Olivarès.

Ce peintre réunit à une belle pâte de couleur, l'harmonie des teintes, l'entente du clair-obscur, une touche facile, large et vigoureuse. Il est mort à Séville, en 1620.

On pourrait, à juste titre, considérer Coëllo, Navareté et Roëlas, comme les fondateurs de la grande école de coloristes qui, dans le XVIIe. siècle, a brillé en Espagne d'un si vif éclat. Leurs ouvrages, répandus dans la capitale et les provinces, ont servi de modèles aux artistes distingués qui, dans l'âge suivant, se sont ouvert une carrière nouvelle, et ont changé totalement la manière et le goût de l'école romaine, introduits dans la Péninsule par Campana et Louis Vargas.

Nous ne citerons point la longue nomenclature d'un grand nombre d'artistes recommandables qui, par leurs talents variés et leur préférence pour l'école Vénitienne, ont préparé cette transition; notre but n'est point de donner une histoire générale des peintres espagnols, mais seulement, comme nous l'avons déjà dit, de signaler dans un résumé rapide, les sommités artistiques de la Péninsule et les diverses vicissitudes que l'art y a éprouvées depuis la renaissance.

La plupart des artistes que nous venons de citer se sont formés à l'école romaine; ils y ont puisé le goût classique et sévère de cette école, qu'ils ont importé en Espagne, où leurs ouvrages ont servi de premier type et de modèles dans les beaux-arts. Durant tout le XVIe. siècle, ce goût a prévalu dans la Péninsule: on le retrouve même dans les productions des peintres d'un mérite secondaire; il est encore plus fortement empreint dans les nombreux ouvrages de sculpture et d'architecture qui décorent ce pays.

Quoique ce goût pur et classique commençât à décliner dès les premières années du XVIIe. siècle, il s'est encore trouvé à cette époque quelques artistes d'un talent supérieur, qui se sont efforcés de conserver dans toute leur pureté les traditions primitives. De ce nombre est le savant François PACHECO, chaud partisan de l'école romaine, homme d'un goût exquis, d'une vaste érudition et zélé défenseur de l'antiquité Pacheco a beaucoup écrit et bien écrit sur les arts La correcte précision de son style rappelle notre De pille, dans son traité de peinture; mais il est moins aride que celui-ci, sans tomber toutefois dans la verbeuse diffusion de Felibien. Le législateur de la peinture en Espagne a souvent donné, ainsi que Gérard de Leresse, ses propres tableaux comme modèles de composition pittoresque et poétique; mais il est plus grave, plus substantiel, il écrit et se résume beaucoup mieux que le peintre flamand (1).

Pacheco se fit une grande réputation au commencement du XVIIe. siècle. Fixé à Séville, sa patrie, il y professa les principes de son art, jouit d'une grande considération, et fut le maître des artistes les plus distingués de ce temps.

Formé par ses leçons, Alonzo CANO, né en 1600, fut un artiste du premier ordre; Grenade se glorifie encore, en montrant avec orgueil ses ouvrages, d'avoir

(1) Le Traité de peinture de Pacheco a été réimprimé à Madrid, vers la fin du dernier siècle. L'ancienne édition in-4°. est très-recherchée, à cause des belles planches à l'eau forte qui s'y trouvent, et qui ont été gravées par l'auteur. Ce livre est devenu très-rare, même à Séville, où il avait été imprimé, il y a plus de deux siècles.

donné le jour à ce grand artiste. Alonzo Cano cultiva aussi les trois arts libéraux. Son père, Michel Cano, bon architecte, lui donna les éléments de son art ; Herrera-le-Vieux en fit un excellent sculpteur, et Pacheco lui inculqua les grands principes de la peinture. A l'âge de 24 ans, Cano fit, pour l'église de Nébrija, trois statues plus grandes que nature, d'une si belle exécution qu'elles établirent rapidement la réputation du jeune artiste. On s'empressa d'en faire des copies, et de toutes parts la foule accourut pour voir les productions d'un génie aussi précoce. Philippe IV le nomma, en 1638, directeur général des bâtiments royaux ; et malgré le surcroit d'occupation que lui donna cette place, Cano continua de produire un grand nombre d'ouvrages de peinture, d'architecture et particulièrement de sculpture, partie dans laquelle il s'est élevé au premier rang.

Le musée de Séville possède quelques tableaux de ce maître. Ses compositions représentent presque toujours des sujets de dévotion ; elles sont graves et sévères (1) ; le dessin en est correct, la couleur vigoureuse, mais il n'a point sacrifié au coloris la fermeté du modelé, ni la beauté des formes. Ce caractère a généralement dominé chez les peintres-sculpteurs.

(1) Un tableau de 40 pouces d'Alonzo Cano, *le Rosaire*, composition de trois figures, a été vendu à Paris, en 1809, 6,650 fr. (catalogue de Lebrun, n°. 241). Ce peintre est fort peu connu en France.

On distingue, parmi le grand nombre d'élèves d'Alonzo Cano, Alphonse DE MENA, Athase BOCANEGRA, Sébastien GOMEZ, Juan NINO DE GUERAVA, Ambroise MARTINEZ, etc.

Privée de la magie du coloris, la sculpture ne comporte point un dessin médiocre; une statue médiocrement dessinée est détestable. Cette nécessité force le peintre-sculpteur à ne point négliger la science du dessin, dont l'anatomie et les proportions forment la première base.

Comblé des faveurs du souverain, Alonzo-Cano vint terminer ses jours dans sa belle patrie, qu'il enrichit de ses ouvrages. Il y propagea le goût des arts, y reçut des marques nombreuses de la considération publique, et y forma quelques élèves. Cet artiste mourut à Grenade, en 1676, dans un âge avancé.

On estime comme son chef-d'œuvre, la statue de *la Conception* que l'on voit au maître-autel de la cathédrale de Grenade, statue qui est réellement très belle.

Alonzo Cano fut le dernier des élèves de la vieille école, qui conserva dans ses ouvrages le goût sévère de Pacheco, son maître. Malgré tous les efforts de ce dernier et l'attention qu'il porta toute sa vie à propager les principes dont il était lui-même pénétré; malgré les saines doctrines qu'il publia dans son traité de peinture, doctrines qu'il mit en pratique dans un grand nombre de tableaux, la plupart de ses élèves l'abandonnèrent, et puisèrent à une autre école d'autres principes, un genre plus brillant et une manière plus expéditive.

Vers le milieu du XVIIe. siècle, un goût nouveau et de nouvelles idées sur les perfections de l'art commençaient à envahir non seulement l'Espagne, mais aussi les diverses écoles de peinture de l'Europe. Soit amour de la nouveauté, soit désir de se faire remarquer par ce genre de mérite, soit peut-être impuissance de produire rapidement, on substitua à la correction des formes, au goût sévère, au travail souvent prolixe et minutieux de l'ancienne école, une manière plus large, plus libre, moins châtiée, et en conséquence plus expéditive. On prit pour des élans de génie, la fougue, l'intempérance d'un esprit ardent, moins sage que facile à s'enflammer; et le public applaudit à ces tours de force qui excitaient son étonnement : il fut séduit par des effets extraordinaires de clair-obscur, par la hardiesse de l'exécution et la fierté de la touche. La partie mécanique, la partie matérielle, l'emporta sur l'idéal, sur la partie poétique et morale de l'art.

Ceci est d'autant plus remarquable, que nous tombons aujourd'hui dans le même travers, que l'on vise à l'éclat, à la hardiesse, à la facilité, à la prestesse d'exécution, et que notre école de peinture oublie que tout ce qu'on gagne en vitesse, on le perd en perfection.

Herrera le vieux, et François Herrera, son fils, nés à Séville, furent les fondateurs de la nouvelle école de peinture espagnole. Un pinceau facile, une belle couleur, de l'imagination, du mouvement dans l'ordonnance de leurs tableaux, et une bonne entente du clair-obscur, fixèrent les regards de tous les amateurs, et acquirent bientôt une grand réputation aux deux Herrera.

Le savant et laborieux Pacheco assista au triomphe de ses émules. Il ne put retarder les progrès de la nouvelle école, ni la décadence du style pur et sévère dont il était le fidèle soutien et l'éloquent défenseur. Il eut même la douleur de voir le plus célèbre de ses élèves, Velasquez, déserter ses principes et suivre le torrent des novateurs.

Cependant, Herrera le Vieux avait des connaissances variées, et soutenait sa réputation par un mérite réel; il possédait de plus, ainsi qu'un grand nombre d'artistes du XVIe. siècle, le triple avantage d'être à la fois peintre, sculpteur et architecte. La réunion de ces trois arts ne peut être que favorable à l'unité, à la perfection d'un monument, œuvre d'un seul homme, produit harmonieux d'une seule pensée, d'une seule volonté.

Le musée de Séville, et plusieurs monuments publics possèdent des tableaux des deux Herrera; ceux du fils sont plus communs à Madrid et dans d'autres grandes villes de l'Espagne. Ils forment une transition remarquable du style pur et classique du XVIe. siècle avec la manière plus large, plus vigoureuse, plus originale du XVIIe., mais qui laisse à regretter la finesse du travail, la délicatesse de l'expression, la pureté des formes qui caractérisent la première école.

SECONDE PARTIE.

2e. époque.

La seconde école espagnole est éminemment coloriste : elle est exclusivement nationale, et se distingue par un type particulier qui la caractérise d'une manière tranchée, et l'isole en quelque sorte au milieu de toutes les autres écoles de peinture européennes.

VELASQUEZ et MURILLO sont sans contredit les deux peintres les plus distingués de cette seconde époque. L'un et l'autre excellent dans le coloris. Velasquez est souvent l'égal du Titien : Murillo est le premier coloriste de son siècle ; aucun contemporain ne peut lui être comparé pour la fraîcheur et l'harmonie des teintes ; il a toute la magie de lumière, l'éclat, la vérité de Paul Véronèse, dont il admirait les ouvrages, et de plus, un degré de suavité de pinceau et de clair-obscur que l'on trouve rarement dans le peintre de Veronne.

Velasquez était assez connu en France. Nous avons déjà indiqué de lui quelques tableaux dans la galerie du Palais-Royal, et le roi possédait plusieurs tableaux de cet artiste (1). Murillo était moins connu chez nous, ou plutôt on ne le connaissait que de nom. On ne le citait guère, en France, que par la vérité avec laquelle il savait rendre les scènes familières ou triviales, genre de talent qu'il possédait à un haut degré, mais qui n'était pour lui qu'un délassement de ses grands travaux, que des esquisses heurtées qu'il saisissait d'après nature avec une inconcevable rapidité (2).

(1) On voyait dans la salle des bains, au Louvre, une suite de portraits de la Maison d'Autriche, depuis Philippe I jusqu'à Philippe IV, peints par Velasquez.

(2) On voit au Musée un tableau de ce genre peint par Murillo. Il fut acheté 3,600 fr. par Louis XVI, en 1782. (Voy. catalogue de Ste.-Foix, N. 1.)

De même que son ami Velasquez, Murillo eut le bonheur assez rare de jouir de toute sa réputation, et de pouvoir exercer son génie dans de vastes et nombreuses compositions.

L'un et l'autre joignirent aussi aux avantages d'une bonne éducation ceux de la fortune. Velasquez appartenait à une famille fort distinguée du Portugal, fixée à Séville, et les parents de Murillo jouissaient d'une belle position sociale : une de ses sœurs avait épousé Don Joseph de Vettia, ministre d'Etat au département des affaires étrangères.

Les parents de ces deux grands artistes eurent le bon esprit de ne point sacrifier leurs talents à des préjugés si communs dans certaines familles; ils les placèrent chez les premiers maîtres de Séville et laissèrent un libre cours à leur vocation pour les arts : Herrera, Pacheco et Castillo, furent leurs guides dans l'étude de la peinture, et en peu de temps, les maîtres, quoique fort habiles, furent éclipsés par les élèves (1).

Velasquez, fort jeune encore, se fit remarquer par son *Porteur d'eau, versant à boire à un enfant*, étude faite d'après nature avec tant d'énergie, de grâce et de vérité, qu'elle enleva les suffrages même de ses rivaux, et commanda l'admiration générale. Mengs

(1) CASTILLO, né à Cordoue en 1603, grand dessinateur et bon compositeur, mais qui ne put jamais être bon coloriste, conçut un tel chagrin en voyant la facilité de talent et l'éclat de la couleur de Murillo, qu'il se retira à Cordoue sa patrie, y fit de vains efforts pour devenir coloriste, et mourut de langueur au bout d'un an, convaincu de son insuffisance pour cette partie de l'art.

fait les plus grands éloges de ce tableau de Velasquez. Philippe IV ayant entendu parler de ce tableau, le fit acheter; il en fut tellement satisfait, qu'il manda Velasquez à Madrid, et nomma le jeune artiste peintre du cabinet. Dès ce moment la fortune et les succès de Velasquez furent assurés. Le souverain l'envoya en Italie avec des appointements très-élevés, et des recommandations qui lui ouvrirent toutes les galeries, et le mirent à même d'étudier commodément et avec fruit les tableaux les plus rares.

Velasquez était né coloriste et ce furent les maîtres de la couleur qui, dans ses voyages d'Italie, fixèrent particulièrement son attention. Paul Veronèse, le Tintoret et plus encore le Carravage furent ses peintres de prédilection; il se les proposa comme les modèles les plus parfaits, et il acquit en les étudiant les qualités et les défauts de ces grands coloristes : l'éclat, la fermeté, la hardiesse des tons, une harmonie admirable à côté d'un dessin négligé, de l'animation, du mouvement, de la vie dans les poses, mais point d'élévation dans la pensée; une expression vraie, énergique, mais commune, sans dignité, sans beauté idéale : tel est au total le caractère dominant des productions des peintres coloristes, tel est celui de Velasquez, et de l'école espagnole du XVIIe. siècle, dont il devint le chef par son ascendant personnel et par sa position sociale.

Philippe IV le nomma son premier peintre, chevalier du grand ordre de St. Jacques et grand maréchal des logis de la cour; il lui fit préparer un atelier dans son palais, où il venait souvent le voir travailler;

il le chargea même d'une ambassade extraordinaire auprès du pape Innocent X, dont il s'acquitta fort honorablement.

Comblé des faveurs de la cour, et précédé d'une grande réputation, Velasquez vint revoir sa patrie et son vieux maître. Malgré tout le chagrin qu'éprouvait le classique Pacheco, en voyant les progrès du mauvais goût et des innovations qu'il combattait sans cesse (1), il ne put s'empêcher d'admirer la facilité, la fierté de pinceau et le beau coloris de son ancien élève, et lui donna sa fille en mariage.

Velasquez avait une grande instruction, des connaissances très-étendues dans tous les arts, et des liaisons intimes avec les bons écrivains et les orateurs de son temps. Ses tableaux sont très-recherchés. Le plus grand nombre et les plus estimés se trouvent à Madrid.

Mengs parle avec admiration du portrait de Philippe IV, peint par Velasquez, et le considère comme

(1) Pacheco avait beaucoup étudié l'antiquité; il y a de lui des dissertations très-savantes sur le style des anciens: il prouve qu'ils soignaient beaucoup leurs ouvrages, que les peintres ne pouvaient négliger la correction du dessin, la finesse des méplats, toute la science de l'anatomie à côté des savantes statues des grands maîtres et du travail précieux qui les distinguent. Non seulement il attaqua, dans sa prose élégante, les défauts de correction et de beauté idéale des premiers peintres de la nouvelle école, mais il fit un poëme critique ou satire en vers contre les novateurs. Il versifiait avec facilité, et l'on connaît de lui plusieurs pièces de vers estimées dans le pays. Celle dont je viens de parler a pour titre: *De la mauvaise imitation de la nature dans l'art de peindre.*

une des plus belles choses qui existent en ce genre (1).

Moins connu, **Murillo** n'avait point quitté la ville qui l'avait vu naître. Passionné pour la peinture, il y consacrait tous ses moments, et s'exerçait à mettre en pratique sur la toile les leçons qu'il avait reçues de son oncle Castillo, et à faire l'application du goût pur et sévère de François Pacheco. J'ai vu à Séville quelques tableaux du jeune Murillo, faits dans la manière de ses premiers maîtres, manière un peu timide de touche et faible de couleur, mais dont la finesse de dessin et la correction l'emportent de beaucoup sur les productions de sa seconde et de sa troisième manière.

Murillo ne tarda point à renoncer à cette première manière. Son compatriote, Velasquez, l'ayant vu dans son voyage à Séville, fut charmé de ses rares dispositions; il l'emmena avec lui dans la capitale, où il jouissait de la faveur publique, et lui fit part des connaissances qu'il avait acquises dans la pratique du coloris; Velasquez lui procura la facilité d'étudier, à l'Escurial, les tableaux du Titien et d'autres peintres célèbres, dont les ouvrages se trouvaient en grand nombre réunis dans cette résidence.

(1) Voici comment s'exprime Mengs sur ce portrait équestre de Philippe IV : « Tout, dans cet ouvrage, excite l'admiration : le « cheval aussi bien que la figure du Roi; le site même en est du « meilleur goût. Ce qu'il y a néanmoins de plus admirable dans « ce tableau, c'est la manière facile et finie avec laquelle est peinte « la tête du roi, de manière que la peau en paraît transparente. « Au reste, tout en est fait avec la plus grande légèreté, jusqu'aux « cheveux mêmes qui sont admirablement beaux. » (OEuvres de Mengs : *Lettre à D. Ant. Ponz*.)

Tout en s'intruisant par l'étude de ces grands maîtres de la couleur, Murillo se fit un genre à lui, un système de couleur qui lui est propre; originalité remarquable qui est le cachet du vrai talent. Le génie peut se plier quelquefois jusqu'à étudier dans les ouvrages d'autrui, des supériorités réelles, des perfections éminentes; mais c'est pour se les approprier, pour enrichir son vaste domaine, et confondre ces beautés acquises avec celles qu'il possède déjà, et qui forment son fond propre. C'est ainsi que Raphaël étudiait ses rivaux. Non seulement le peintre d'Urbin sut, en étudiant Michel-Ange, se débarrasser de la manière pauvre et timide du Perrugin, mais encore il rechercha les grâces naïves du Corrège, l'intelligence des teintes et l'harmonie des grands coloristes de Venise, le modelé savant et la sage ordonnance de Léonard Vinci.

Murillo ne sortit point d'Espagne : sa course à Madrid fut le plus long de ses voyages. Il y laissa, comblé des faveurs de la cour, son ami Velasquez, refusa, en le quittant, les grands avantages qu'on lui offrait dans la capitale, et revint modestement à Séville jouir du beau ciel de sa patrie, et se livrer en entier et sans distraction à sa passion dominante.

On ne peut voir sans étonnement la multitude de tableaux sortis du pinceau facile et abondant de cet artiste célèbre. Séville possède le plus grand nombre et les plus beaux des ouvrages de Murillo. On en voit dans les galeries publiques et dans les collections particulières; les cloîtres de plusieurs couvents sont enrichis de suites nombreuses de tableaux de ce peintre;

les églises de St.-François, de la Conception, des Capucins, la cathédrale, le grand monastère de St.-Augustin, sont pleins de ses productions les plus remarquables, presque toutes d'une grande dimension; les plus vastes décorent l'église de la Charité de la même ville; il y en a qui ont plus de 40 pieds, et qui représentent des sujets tirés de l'Ancien et du Nouveau Testament (1).

Le cadre étroit de ce résumé ne me permet point de donner la description des ouvrages les plus estimés de ce grand artiste, tableaux que j'ai souvent vus et étudiés, et qui presque tous se trouvent dans sa ville natale. Je ne ferai donc que signaler le sujet et l'emplacement de quelques-unes de ses compositions les plus remarquables.

La cathédrale de Séville possède de ce peintre un fort beau tableau de plus de 30 pieds de hauteur, considéré comme l'un de ses meilleurs ouvrages. Il représente un *Saint-Antoine de Padoue auquel apparaît l'enfant Jésus.* Le sujet en lui-même est sans doute très-simple et paraît peu susceptible d'un grand développement : un enfant et un moine! Mais l'auteur

(1) Il y a peu d'années, tout Paris a vu avec empressement un des plus petits tableaux provenant de l'église de la Charité de Séville. Ce tableau, peint dans la troisième manière de Murillo, représente *Ste. Elisabeth pansant des pauvres*. La vérité de l'expression, la hardiesse de la touche et l'éclat du coloris, étonnèrent tous ceux qui ne connaissaient Murillo que de nom, ou qui n'avaient vu de lui que quelques ouvrages incertains et médiocres, répandus dans le commerce. Le tableau de Ste.-Elisabeth a été rendu à l'Espagne.

a mis tant de verve, tant de mouvement, tant de richesse dans l'immense gloire qui entoure l'enfant céleste, qu'on est malgré soi attiré au pied de cette magnifique toile. On s'y arrête long-temps et sans s'en apercevoir ; on y passe des heures entières à admirer la fécondité de l'artiste, qui a su donner tant de grâce, tant de vie à cette multitude d'aimables enfants qui nagent dans les flots de lumière de cette gloire poétique.

L'ascétique ardeur du saint et sa joie profonde, n'ont pu être senties, exprimées que par un homme plein de foi, et préparé par une longue méditation à cette pieuse scène.

On admire aussi du même artiste, une gloire semblable, dans un tableau de l'*Assomption*, placé sur le cintre du chœur de l'église St.-François à Séville.

Le petit cloître de ce même couvent offre une suite de tableaux (1) de Murillo, extrêmement remarquable par la naïveté et le naturel des scènes, et par la vérité de l'expression. Les sujets sont tirés de la vie de St.-François. Ce sont peut-être les meilleures productions de la seconde manière de Murillo. On y retrouve toute la grâce et toute la facilité de ce peintre modeste et laborieux, et quelque chose de plus naïf, de plus voisin de la nature, que la brillante richesse de sa troisième manière : celle-ci perd en vérité ce qu'elle gagne en éclat ; elle rappelle les savantes combinai-

(1) Ces tableaux du petit cloître de St.-François sont au nombre de 23; c'est la suite la plus nombreuse et la plus estimée qu'ait produite le pinceau de Murillo.

sons du coloris de Rubens, mais avec plus de retenue et de mesure : il est rare que Murillo affecte des contrastes aussi brusques et des oppositions aussi tranchées que le peintre d'Anvers; ses tableaux en deviennent plus harmonieux. On pourrait dire de lui qu'il tient le milieu entre Rubens et Paul Véronèse. Quelquefois, dans sa seconde manière, il paraît s'être proposé Vandick pour modèle; ses portraits ne le cèdent point à ceux de ce grand maître. On voit dans la chapelle de St.-Pierre de la cathédrale de Séville un tableau de l'*Adoration des Bergers*, qui rappelle l'harmonie et la suavité de pinceau du Corrège.

Murillo se délassait aussi quelquefois de ses grands travaux, comme nous l'avons déjà dit, en peignant des scènes naïves et grotesques, qu'il saisissait d'après nature avec une étonnante facilité. Ce n'est guère que par ces ébauches négligées et peintes au premier coup, que Murillo était connu en Europe. Mais ces caprices heurtés ne pouvaient donner qu'une faible idée du talent de ce grand artiste, en le mettant tout au plus de niveau avec les meilleurs peintres de bambochades. Il faut voir ses grands ouvrages, si variés, si riches de couleur et d'imagination, il faut les voir dans la place pour laquelle ils ont été faits, pour apprécier la mesure de son génie et connaître tout ce qu'il vaut. On peut dire sans exagération, qu'il n'a manqué à Murillo que l'étude de l'antique et de l'école romaine, pour devenir un peintre parfait, pour acquérir cette pureté de dessin, ce grand style, ce beau idéal qui manque souvent dans ses ouvrages, pleins de grâce et de vérité, mais qu'on retrouve quelquefois dans ses tableaux de premier ordre. Il avait le sentiment du beau, et il le saisissait admirablement bien quand la nature le lui offrait, mais il n'avait point appris à le choisir : il rendait les formes avec une grande fidélité, mais telles qu'elles s'offraient à ses yeux. Cependant il dessinait mieux que les peintres Flamands et que la plupart des Vénitiens. Il y a souvent beaucoup de finesse et de correction dans ses contours, beaucoup de sentiment et de délicatesse dans ses expressions, de convenance dans ses poses et de grâce dans ses airs de tête ; souvent aussi l'ordonnance de ses compositions est fort heureuse : ses personnages sont bien disposés et ses groupes distribués avec une rare intelligence. Son immense tableau de *la Manne* et celui de *la Multiplication des pains* sont une preuve incontestable de son goût dans les grandes ordonnances, et de la fécondité de son esprit pour varier à l'infini et la forme des groupes et les moyens d'effet. Le fond de ces deux tableaux n'est pas moins heureux que le ton local ; ils sont empreints de ce grandiose poétique qui convient à la majesté du sujet. C'est ordinairement dans les compositions où figurent un grand nombre de personnages, que Murillo se montre réellement supérieur, et qu'il fait briller toutes les ressources de son génie.

Après la mort de Murillo, décédé à Séville, en 1685, à l'âge de 72 ans, l'art déclina sensiblement dans cette ville, qui avait vu naître un si grand nombre d'artistes du premier mérite. Cependant cette dégradation fut lente : quelques hommes d'un talent fort estimable se firent encore remarquer dans la capitale de l'Andalousie. De ce nombre furent Jean VALDEZ, rival de Murillo; ZURBARAN, peintre extraordinaire, quelquefois sublime, plus souvent bizarre, toujours original; une femme, célèbre sculpteur, Louise ROLDAN, morte à Séville sa patrie, en 1704; Joseph de ARFÉ, né aussi à Séville, sculpteur fort distingué: c'est le Jean Cousin de l'Espagne; son goût est pur et sévère, et, comme le père de l'école française, Joseph de Arfé a donné l'exemple à côté du précepte; il a écrit un traité sur le dessin, ouvrage élémentaire fort recherché dans le pays; ce livre est beaucoup plus complet et mieux exécuté que celui de Jean Cousin: toutes les parties de ce traité sont développées avec beaucoup de méthode et de clarté; il est dans les mains de tous les dessinateurs en Espagne. Il y a similitude entre le talent et la destinée de ces deux artistes. Le beau talent de notre Jean Cousin s'est long-temps consommé dans le travail ingrat et grossier des vitraux, et le génie de Jean de Arfé s'est trouvé souvent réduit aux petites proportions des ouvrages d'orfévrerie. Il est vrai que les statuettes d'argent qu'il a faites pour le tabernacle de la cathédrale de Séville, et qui sont en très grand nombre, offrent un dessin correct et un travail exquis; mais, malgré leur mérite, on regrette qu'un homme de génie ait consacré autant de veilles à un labeur aussi exigu, aussi prolixe, lorsqu'il était capable des entreprises les plus vastes. On a de lui dans le *Sagrario* de la même cathédrale, *les Evangélistes* et *les Docteurs*, statues en marbre de 20 pieds de hauteur, d'un grand style et d'une belle exécution.

Louise ROLDAN, fille d'un sculpteur estimé, apprit de son père l'art de tailler la pierre et le bois; et, malgré la délicatesse de son sexe, elle entreprit de grands ouvrages, et mania le ciseau avec hardiesse et facilité. Elle eut bientôt surpassé son père, qui avait pourtant un vrai talent. Lorsqu'elle sentit sa force et que sa réputation fut bien établie, elle quitta sa ville natale et s'établit à Madrid, où ses ouvrages obtinrent un grand succès. Cette capitale, ainsi que Séville, possède plusieurs morceaux estimés de Louise Roldan. Le plus célèbre de ses ouvrages est un *Crucifix* plus grand que nature, que l'on voit à Sisante, ville de la Manche. Ce chef-d'œuvre réunit le beau idéal des formes, les convenances du caractère moral, à la science et à la correction du dessin : le travail des pieds et des mains et l'expression de la tête sont admirables. La statue de la Vierge, qui exprime profondément tous les sentiments de la douleur à la vue de son fils crucifié, n'est pas moins digne d'admiration.

Cette artiste mourut à Séville, en 1704, à l'âge de 50 ans.

Jean VALDEZ, mort dans la même ville en 1691, cultiva la peinture, la sculpture et l'architecture. Il fut directeur de l'école des beaux-arts de Séville et l'antagoniste de Murillo. Peut-être que l'envie entra pour quelque chose dans le mauvais vouloir qu'il portait à son rival; peut-être aussi que l'aimable et brillant talent de Murillo ne pouvait sympathiser avec le caractère sombre et le genre sévère de Valdez. Il est toujours certain qu'il ne dissimulait point l'aversion qu'il portait à son rival; et qu'il le desservait toutes les fois que l'occasion s'en présentait. On ne lui a point pardonné ce travers blâmable et malheureusement trop fréquent dans les arts et dans les lettres. Au reste, Valdez fut un bon professeur; il donnait volontiers des conseils à ses élèves, et se les affectionnait par le soin et par la douceur avec lesquels il corrigeait leurs ouvrages. Ce maître avait de l'instruction et démontrait savamment les principes de son art. Son dessin était ferme et correct, et sa couleur un peu monotone; sa touche vigoureuse, mais un peu sèche, convenait à son humeur hypocondriaque. Il se plaisait à traiter des sujets tristes et lugubres, qu'il rendait d'une manière terrible. On voit de lui, dans l'église de la Charité, à Séville, un tableau de ce genre, où il a représenté les emblêmes de la mort. Au milieu de sa composition, il a placé le cadavre d'un évêque, encore revêtu de ses habits pontificaux. L'éclat de l'or, du satin, des broderies rehaussées par des pierres précieuses, forment un contraste horrible avec l'état de dissolution des chairs et le hideux aspect des vers et des insectes de toute espèce qui les dévorent. J'ai souvent examiné ce tableau, unique en son genre : il fait horreur à voir, tant l'imitation en est énergique et fidèle. Mais lorsqu'on a surmonté la première impression, on ne peut s'empêcher d'admirer l'attention assidue et le soin que Valdez a mis à rendre, jusqu'à l'illusion la plus complète, les progrès de la putréfaction, la multitude et l'activité des insectes qui pullulent de toutes parts dans son tableau.

Voici encore un autre peintre Andaloux, d'un caractère grave et sombre, dont les ouvrages sont très-nombreux à Séville, et fort estimés dans toute la Péninsule (1). Ce peintre, nommé ZURBARAN, est assez connu des amateurs et des artistes de notre capitale, depuis que M. Agnado a réuni dans sa riche collection quelques-uns des tableaux remarquables de ce maître. Zurbaran est très-inégal ; on peut même dire qu'il existe peu de bons tableaux de lui ; mais parmi ce nombre, il s'en trouve d'une telle vigueur de touche, d'une hardiesse d'effet, d'un modelé si ferme, si extraordinaire, il y a un tel parti pris dans la distribution des lumières et des ombres, qu'on ne peut s'empêcher d'admirer le talent original et le caractère unique qui les distinguent.

J'ai vu beaucoup de productions de Zurbaran, en Andalousie, à Madrid et autres villes de l'Espagne ; j'ai été rarement satisfait des ouvrages de ce peintre. Le tableau le plus éminent que je connaisse de lui, est un *Christ expirant sur la croix*, qui se trouve dans le grand couvent de la Merci, à Séville. C'est un tableau du premier ordre, non seulement dans les parties de l'art qui distinguent particulièrement cet artiste, mais aussi par la sublime expression de la tête, par la correction et l'effet du dessin, et plus encore par le sentiment profond des convenances dans un sujet aussi austère. La couleur un peu triste et sombre de ce peintre ajoute même un nouveau degré de mérite à

(1) ZURBARAN est né à Fuenté de Cantos en Estramadura, et mort en 1662, âgé de 63 ans.

sa composition. Le site est admirable de poésie; une faible lumière répand une clarté livide sur un fond chargé de ténèbres; la mort semble régner sur ces rochers arides et sauvages et sur la cité proscrite; les édifices et les fortifications de la mystérieuse Solime sont d'un caractère imposant, extraordinaire; ils se dessinent singulièrement sur un vaste horison, sans nuire à l'objet principal et à l'unité de l'effet. Le Christ domine cette scène lugubre, et s'en détache d'une manière étonnante. On ne peut, sans émotion, fixer les yeux sur ce beau corps en proie aux plus affreuses souffrances, ni voir cette tête divine, où le calme et la résignation ont vaincu l'amertume et la douleur. Mais il faut voir ce tableau dans la pieuse enceinte qui lui a été consacrée, et pour laquelle il a été fait: il faut le voir avec la magie d'une lumière bien calculée, et le profond recueillement qu'inspire ce sanctuaire silencieux (1).

Si Zurbaran avait produit beaucoup de tableaux semblables, il faudrait le placer à côté du Dominicain et de Daniel de Volterre. Mais on voit avec regret que l'auteur d'un chef-d'œuvre aussi parfait se jette dans une affectation d'originalité sauvage, qui le rend souvent bizarre et même ridicule.

On voit aussi de ce peintre quelques bons tableaux dans la chapelle St.-Pierre de la cathédrale de Sé-

(1) Ce tableau fait l'unique ornement d'un oratoire isolé, disposé avec beaucoup d'art et de convenance; c'est un lieu de recueillement et de méditation qui n'est pas ouvert à la foule, et dans lequel on ne pénètre qu'avec une permission particulière et accompagné d'un religieux.

ville, à la fameuse chartreuse de Xerès et au palais de Buen-Retiro; ces derniers représentent *les travaux d'Hercule*. Philippe IV, charmé de son ouvrage, lui dit: « *Je te fais peintre du Roi: car tu es déjà le roi* « *des peintres.* » C'est un assez pauvre jeu de mots que Zurbaran dut trouver charmant.

Indépendamment de ces grands maîtres, on retrouve, dans plusieurs grandes villes et notamment à Madrid, quelques artistes d'un vrai mérite, qui soutinrent, jusqu'à la fin du XVIIe. siècle, l'honneur de la peinture.

De ce nombre est CAMILLO, né dans cette capitale et mort dans la même ville en 1671. Camillo et son élève André VARGAS ont excellé par la beauté du coloris. La touche du maître et celle de l'élève sont si parfaitement identiques, que l'on confond leurs tableaux, et qu'il est difficile de les distinguer. Le tableau de *S^te^.-Marie-Egyptienne*, représentant l'apparition de la Vierge à cette sainte, passe pour le chef-d'œuvre de Camillo. Ce peintre fut l'ami de Velasquez. Il s'était tellement appliqué à rendre convenablement les sujets de dévotion, et il en avait tellement pris l'habitude, qu'il donnait aux dieux et aux personnages de la fable, l'air de béatitude et de recueillement des saints; il représentait Junon et Proserpine avec l'expression de la Vierge, et Jupiter sous les traits de Jésus-Christ.

Né aussi à Madrid, François RICCI, fut peintre et architecte de Philippe IV. La capitale possède de lui plusieurs tableaux qui font honneur à son talent. Mais son vrai titre de gloire est la construction de l'église de Tolède : c'est une des plus belles choses, en ce genre, qui existent en Espagne, si riche en monuments religieux. Comme peintre, Ricci avait une grande facilité d'exécution, une imagination vive et abondante ; mais il était incorrect, et n'aimait point à corriger et à retoucher ses ouvrages. Il est mort à l'Escurial en 1684, à l'âge de 77 ans.

Contemporain de Ricci, mais plus correct et plus coloriste que lui, Joseph Donoso, né à Consuegra, en 1628, vint se fixer à Madrid après avoir passé quelques années à Rome. Il fut un peintre très-laborieux et fort estimé ; il réussit également dans l'architecture. Cet artiste a peint beaucoup d'ouvrages à fresque. On remarque de lui à Madrid, dans l'église de St.-Just-el-Pastor, un tableau de *la Cène*, que l'on prendrait pour être de Paul Véronèse. Donoso est mort à Madrid en 1686. Il a écrit sur la peinture et sur l'architecture : son livre est fort recherché en Espagne.

Madrid vit naître aussi, à la même époque, Jean Nino de Guevara, peintre, qui se fixa à Malaga, où il est mort en 1698. Nino est considéré, à juste titre, comme un des meilleurs peintres espagnols du XVIIe. siècle. Il se distingua par la beauté du coloris, par une touche ferme et vigoureuse, et sut mettre plus de style et de correction dans son dessin que Murillo. Les villes de Malaga, de Cordoue et de Grenade possèdent plusieurs de ses ouvrages.

On doit encore citer, parmi les artistes qui ont brillé dans la Péninsule, durant le XVIIe. siècle, Manuel Pereïra, Portugais, mort à Madrid en 1667. C'est un sculpteur fort habile, dont les ouvrages sont très-recherchés des connaisseurs. Les plus remarquables sont l'excellente statue de *St.-Benoît*, qui est sur la porte du couvent de St.-Martin à Madrid, et celles de *St.-Bruno* et de *St.-Isidor.* Pereïra, devenu aveugle, fit en terre le modèle de la statue de *St.-Jean-de-Dieu,* et en dirigea, par le tact, l'exécution en pierre, faite par ses élèves. Depilles nous rapporte un trait semblable de l'aveugle de Cambiasi, sculpteur italien, qui modelait parfaitement en cire, et faisait des portraits fort ressemblants. (V. le *Cours de peinture, par Depilles*, p. 329.)

François XIMENEZ, peintre, né à Tavazona, appartient au même siècle. Il fit le voyage de Rome, où il passa quelques années. A son retour, il fixa sa résidence à Sarragosse, où il est mort en 1666, âgé de 78 ans. On voit dans le couvent des Carmes et autres églises de cette ville de grands tableaux de Ximenez, dont plusieurs ont jusqu'à 32 pieds de hauteur. Son dessin était pur, ses compositions animées et bien entendues. C'est l'artiste le plus distingué de cette contrée de l'Espagne.

Séville compte aussi, dans la dernière moitié du XVIIe. siècle, un peintre distingué, Pedro NUNEZ, qui réussit également dans l'histoire et le portrait. Il eut un dessin correct, une touche ferme, une belle fonte de couleurs, une expression forte. Il avait été l'élève du Guerchin, et conserva beaucoup de l'énergie et de la manière de son maître. Il mourut à Séville, sa patrie, en 1700.

Valence, dont nous avons déjà signalé plus haut le rang élevé dans les arts, Valence, durant le

XVIe. siècle, vit naître un peintre remarquable par la correction du dessin et plus encore par le moelleux du pinceau et la fraîcheur du coloris. Jean Conchillos Falco, issu, en 1651, d'une famille noble, non seulement honore son pays par son talent, mais encore par son patriotisme. C'est à ses soins, à sa sollicitude, à ses sacrifices, que l'on doit l'existence de l'Académie des beaux-arts de Valence. Il ouvrit cette Académie à ses frais et dans sa propre maison. C'est chez lui que se réunissaient les différents professeurs de ce cours gratuit et public : artistes généreux qui secondaient Conchillos dans son entreprise vraiment libérale. Cette Académie, qui comprenait les trois arts, peinture, sculpture et architecture, a rendu de grands services à l'industrie si active, si intelligente des Valenciens. Les rois d'Espagne ont, dans la suite, doté généreusement cette Académie, connue sous le nom de *St.-Charles*; ils y ont attaché les prérogatives les plus flatteuses, et confirmé les statuts de sa fondation. Conchillos est mort à Valence en 1711.

Cordoue nous offre encore au nombre de ses illustrations, Jean de Alfaro, né dans cette ville en 1680, et surnommé le Vandick espagnol. Il avait pris pour modèles le Titien, Rubens et Vandick. Ses portraits sont fort recherchés : il réussissait également dans le paysage.

L'Espagne possède aussi une bonne école de paysagistes, école qui se distingue par un faire particulier, et qui n'a aucun rapport avec toutes les autres écoles du même genre. Elle excelle ordinairement par la vérité du site, par la simplicité de l'effet, par la fidélité de l'imitation. On peut dire, à la louange des paysagistes espagnols, qu'ils ont eu le bonheur d'écarter tout système, tout effet de convention, et de chercher leurs inspirations dans la nature. Le climat même les a secondés dans ces heureuses dispositions, en leur permettant presque sans cesse, de travailler au grand air, et de placer leur atelier au milieu des sites charmants qu'ils ont su rendre avec tant de vérité.

IRIARTE, mort à Séville en 1685, est le plus célèbre des paysagistes espagnols du XVIIe. siècle. Murillo faisait le plus grand cas de ses ouvrages; il avait l'habitude de dire qu'Iriarte composait ses paysages par inspiration divine : tant il était charmé de l'effet merveilleux et de la vérité de ses tableaux! Murillo était lié d'amitié avec Iriarte, et lui dut ses succès dans le paysage. La plus grande partie des ouvrages de cet excellent paysagiste se trouvent dans les cabinets de Séville. Ce peintre était né en Biscaye.

A la même époque, un peintre de marine fort renommé existait à Cadix. Né dans cette ville en 1610, il est connu sous le nom d'ENRIQUÉ DE LAS MARINAS, à cause du genre qu'il avait adopté. Il n'a peint que des marines. On estime le mouvement et la limpidité de ses eaux, la fidélité des manœuvres et des formes des diverses espèces de bâtiments; mais il mit peu de correction dans le dessin de ses figures, tout en conservant d'ailleurs la justesse de leur action. Enriqué a été dans la marine ce que fut notre Claude Lorain dans le paysage; ce dernier, malgré son talent admirable, ne put jamais dessiner correctement une figure humaine ni un animal.

Quelques peintres estimables parurent encore pendant les premières années du siècle dernier, et perpétuèrent les traditions de leurs prédécesseurs. Mais soit qu'ils se trouvassent comme écrasés par la réputation croissante de ces grands maîtres, et par les éloges qu'on leur prodiguait sans cesse, soit qu'ils ne se sentissent pas de force à lutter avec eux, la plupart se contentèrent de reproduire leurs ouvrages, adoptèrent indistinctement leurs diverses manières, leurs défauts et leurs beautés, et ne devinrent que des plagiaires et des copistes serviles. L'originalité et les traits du génie sont extrêmement rares parmi ces derniers artistes. L'exigence et le goût du public sans doute y contribuèrent aussi. On leur demanda de toutes parts de se rendre les fidèles imitateurs des peintres leurs devanciers, de reproduire leurs ouvrages; toutes les études aboutirent à cette fin, et il se forma une pépinière d'excellents copistes. J'ai vu en Espagne des hommes fort habiles qui ont passé leur vie à copier les christs du Divino MORALÈS (1) et les

(1) MORALÈS surnommé *el Divino*, à cause du genre de tableaux qu'il peignit toute sa vie, était né à Badajos en 1509, où il est mort en 1588. Il fut l'élève de Pierre Campana, et conserva beaucoup de la correction de dessin et de la sage composition de son maître. Il avait un pinceau facile et précieux en même temps. Ses ouvrages sont d'un beau fini, mais la touche en est hardie. Sa couleur est bonne et l'effet de ses tableaux très-aimable. Ils sont presque tous d'une petite dimension, et il n'a peint que des sujets de dévotion qu'il entendait fort bien. Il avait une piété poussée à l'extrême. On ne saurait le placer au nombre des artistes du premier ordre; mais c'était un bon, un estimable peintre, dont on a beaucoup exagéré le mérite.

vierges de Murillo, et auxquels on n'a jamais demandé un grand tableau de leur cru, dans lequel ils auraient pu faire preuve de leur talent et donné carrière à leur imagination.

Ce concours de circonstances, si contraire aux élans du génie, arrêta en Espagne la marche ascendante des beaux-arts. Le goût se dégrada de plus en plus. La peinture déclina rapidement, sans descendre toutefois, dans la Péninsule, aussi bas et au point de dégradation où la firent tomber en France, à la même époque, les Boucher, les Pierre, les Lagrenée et grand nombre d'autres artistes d'un goût détestable.

Peut-être le respect religieux et presque fanatique pour les ouvrages des grands maîtres, qui se perpétua dans l'école espagnole, la préserva-t-elle d'une chute aussi plate. Quoi qu'il en soit, ce demi-siècle paraît avoir été stérile, non-seulement dans le midi, mais dans toute l'Europe. Il présente une vraie lacune dans l'histoire de la peinture.

Mais sous le règne de Charles III, protecteur éclairé des arts et du génie, toutes les institutions utiles se multiplièrent en Espagne; des académies d'arts, de sciences, de belles-lettres, s'ouvrirent de toutes parts; toutes les villes un peu importantes, eurent de grandes écoles de dessin, où les trois arts libéraux furent enseignés et encouragés par de nobles récompenses.

Et tandis que le sage Vien préparait en France la restauration de la peinture, le savant MENGS, attiré à Madrid par Charles III, s'occupait activement de la réforme de l'école espagnole. On connaît le talent de Mengs, et le goût classique et pur que ce peintre habile s'était formé par l'étude de Raphaël et de l'antique. Compatriote et ami de Winckelmann, il s'attacha au grand style des anciens, il en fit la première base des études dans les arts, et s'efforça d'introduire dans la peinture le beau idéal dont les Grecs nous ont laissé les modèles les plus parfaits.

Mengs termina sa carrière en 1778, comblé des faveurs du souverain et recherché de tout ce qu'il y avait de plus distingué à Rome et à Madrid.

Les palais royaux d'Espagne sont pleins des ouvrages de Mengs, ils sont très-estimés par la pureté du dessin, l'élégance et le bon goût des draperies, la richesse de la composition et la beauté de la couleur. Il n'a peut-être manqué à Mengs que d'éviter le défaut qu'on lui reproche, un peu de froideur, pour se placer au premier rang, à côté des peintres les plus célèbres. Mais il fut un bon guide; personne mieux que lui n'était propre à faire rentrer les études dans la bonne voie, à combattre avec succès les écarts fantastiques de la nouvelle école, et le goût extravagant qui l'éloignait chaque jour de l'antique et de la belle nature.

Dans cet aperçu un peu long, quoiqu'incomplet, nous avons vu combien la vie artistique a été grande et féconde par delà les Pyrénées, dans ce pays isolé, peu connu et long-temps peu accessible; nous avons vu combien les artistes y ont été recherchés, encouragés, et les productions des arts remarquables et nombreuses.

En effet rien n'égale l'activité, l'ardeur avec lesquelles, dès les premières années du XVIe. siècle, les artistes Espagnols ont cherché des leçons et des modèles; tous ceux qui se sentaient quelque vocation pour l'étude, ont couru à cette Italie où le génie des arts et des lettres fermentait de toutes parts, à cette Rome si riche en monuments et en souvenirs antiques, et qui voyait, au milieu de ses ruines, apparaître des noms aussi glorieux que ceux de Bramante, de Raphaël, de Michel-Ange.

Après un long séjour sur la terre classique, les artistes Espagnols sont revenus dans leur patrie, et l'ont enrichie des connaissances qu'ils avaient acquises à l'école des grands maîtres. Les uns, ainsi que Louis Vargas (1) et Juanez, y ont propagé le goût pur, la correction, les grâces aimables de Raphaël; les autres tels que Cespedès, Hernandez, Berruguette, y ont fait admirer la science du dessin, le caractère grave, la sévérité, le grandiose de Buonarotti. Le plus grand nombre s'est attaché à l'étude de la couleur. C'est à l'école de Vénise que l'Espagnol a puisé ce coloris fier et vigoureux, qui convenait à son caractère et qui le distingue particulièrement.

Tous ces artites ont reçu, dans leur patrie, des marques publiques de l'estime qu'on leur portait et de l'admiration universelle qu'inspirait leur beau ta-

(1) Nous avons déjà signalé ces deux grands artistes comme les fondateurs des deux écoles de peinture les plus anciennes et les plus célèbres de l'Espagne. Celle de Séville est sans comparaison la première, par les grands talents et le nombre d'artistes qu'elle a produits; Valence vient ensuite, et en troisième lieu Madrid, qui à notre époque s'est placée au premier rang. Les autres ont décliné depuis un siècle.

lent. On peut juger de l'enthousiasme avec lequel ils furent accueillis de leurs compatriotes, par la multitude d'ouvrages qu'on leur confia, par le prix élevé qu'ils en reçurent, et plus encore par les éloges qu'en ont fait les auteurs contemporains, avec cette expression chaleureuse et souvent hyperbolique, qui caractérise les peuples du midi.

J'ajouterai à ces considérations générales une observation qui me paraît importante, c'est que, dans la Péninsule Ibérique, les artistes ont mérité à un haut degré l'estime particulière et les nobles distinctions qu'on leur a prodiguées, non seulement par la supériorité et le nombre de leurs ouvrages, mais encore par leur tenue honorable, par la dignité de leur conduite, par les connaissances solides et variées qu'ils réunissaient à la pratique de l'art. Presque tous avaient reçu ou s'étaient donné une instruction peu commune ; beaucoup d'entre eux étaient bons poètes, bons littérateurs, souvent même profonds érudits ; les langues anciennes, les sciences exactes et naturelles leur étaient familières ; ils avaient fait une étude approfondie de l'antiquité. Louis Vargas, Pacheco Velasquez, Alonzo Cano, De Arfé, de Las Roelas Donoso, Berruguetè, Palomino, Cespedès étaient des philologues, des orientalistes, des antiquaires distingués. Ces rares qualités, cette grande existence sociale, qui honoraient à la fois les beaux-arts et l'artiste, méritent de fixer l'attention de l'histoire. On ne saurait trop rappeler aux hommes ces beaux exemples, ni entourer de trop de gloire cette vie intellectuelle d'étude et d'art, qui ennoblit et console l'humanité.